CONTENTS

PREFACE

Welcome tae Blethertoun Braes – a toun like any other toun in Scotland. It's maybe even a wee bit like *your* toun or a toun near you. There's a library, a railway station, a supermarket, a video store, a museum, a café and many other places where the local people come and go. And Blethertoun Braes is hotchin with weird and wonderful characters – vets and dentists, retired colonels and hard-working bricklayers, posh wifies and fish gutters, kirk ministers and check-out lassies, all going about their daily business and sometimes getting themselves in a right fankle as the day wears on. Some of them are young, some auld, some smart, some glaikit, but they're all folk you might think you recognise from your own streets. And then there's a few *really* weird characters you'll not have met before, like the wee green man that bides in the bottle bank, the warlock waiting to see the doctor, and the bogles and ghaists that come out to play at night in the kirkyaird and the park.

So slip into your baffies and settle down with a book that will take you through a whole day in Blethertoun Braes, a place where the greengrocer bursts into song, the polis has an unusual way of catching bike-thieves, and the fitbaw team is even mair terrible than your team on its worst ever showing.

Matthew Fitt & James Robertson
(Editors)

Manky Mingin Rhymes fae a Scottish toun

Blethertoun Braes

edited by
MATTHEW FITT & JAMES ROBERTSON
illustrated by
BOB DEWAR

Itchy Coo

First published 2004
by Itchy Coo

A Black & White Publishing and Dub Busters partnership
99 Giles Street, Edinburgh, Scotland EH6 6BZ

ISBN 1 84502 023 5

Illustrations © Bob Dewar 2004

Text copyright © The Contributors 2004

A CIP catalogue record for this book
is available from the British Library.

Cover design by Nick May

Printed and bound in China
by Best Hope Printing Company

MORNIN

Wee Davie Daylicht

Wee Davie Daylicht keeks ower the hill,
Slides doon the slates and sits on the sill;
Waukens up the birdies and sets them aw tae sing:
Wee Davie Daylicht's as gallus as a king.

Wee Davie Daylicht breeshles through the toun,
Blaws oot the stars, and turns the darkness doon;
Winks in aw the windaes, shines on the stanes,
Polishes yer glesses and warms up yer banes.

Wee Davie Daylicht jinks amang the trees,
Mairches doon the High Street and flichters in the breeze.
He aye wants tae laugh, but he disna ken why –
Wee Davie Daylicht has a smile that fills the sky.

Adapted by James Robertson fae an original poem by Robert Tennant
(1830–79)

Betty Frew

Did ye hear aboot puir wee Betty Frew?
She wis squished tae pulp by a Hieland coo.
Cyclin tae work early wan morn,
The daft beast forgot tae blaw his horn.

Kirsty Grieve

Joe Dugg

In spring Joe Dugg the gairdener
Plants raws and raws o leeks.
At Christmas time he pous them oot
And stuffs them doon his breeks.

Kirsty Grieve

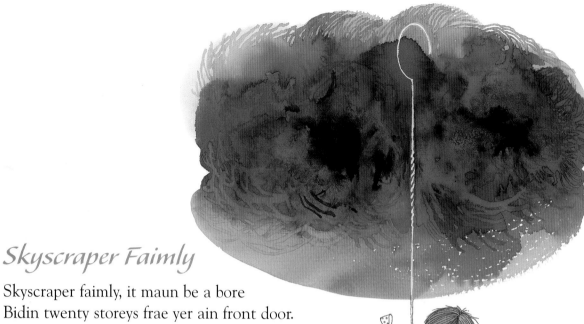

Skyscraper Faimly

Skyscraper faimly, it maun be a bore
Bidin twenty storeys frae yer ain front door.
By day ye've gulls for neebors, syne ye've stars
  at nicht –
Save on the electric wi the meen for licht.

Skyscraper faimly, it's affa heich, yer hoose –
Dae ye keep a bat there, far we micht keep a moose?
Fit a tapsalteerie wunner o a street –
Faimlies at yer heid, and faimlies at yer feet!

Skyscraper faimly, dis yer washin dry?
Dis yer mither peg it ontae rainbows in the sky?
Dae ye thoomb a lift on a passin aeroplane,
Visit Spain and Italy, syne hame for tea again?

Skyscraper faimly, ye've affa far tae faa –
Naewye tae play wi a bicycle or baa.
Fin the bairn greets, dae ye hing her on a cloud?
My, it maun be lanely, up abeen the crowd!

Sheena Blackhall

Multi-Storey Granny

Ma gran on the twentieth flair,
Said, "Ah've no got the puff for the stair,
The lift's broke and aw,
Sae Ah'll climb doon the waw,
Wi a rope made o auld unnerwear."

Gregor Steele

Seen by the Windae Cleaner

A lassie pittin lipstick on
A letter in a lover's haun
A plooky salesman shaves his face
A bridesmaid preens her waddin lace
A budgie flechin in a cage
A boozy faither in a rage
A student beeriet in his books
A powser reddin up her cleuks
Twa nurses on a reid divan
A Geisha flutterin her fan
A platie on a granny's lap
A bathroom wi a dreepin tap
A press wi ainly ae cracked cup
(The boddom windae's boarded up)
Sheena Blackhall

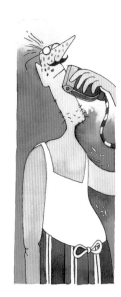

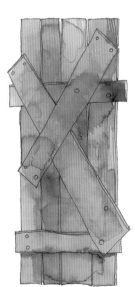

The Barber's Holidays

"Whaur are ye aff on yer holidays?"
Speirs the barber o Blethertoun.
"Masel, Ah gang whaur the ither barbers gang,
Tae the Barbary Coast in June."

Gregor Steele

The Brickies

The brickies on the buildin site
Are busy buildin lums.
It must be grand tae sclim up there
And wave at aw yer chums.
But if they drap a brick or twa
Ye'll see the air turn blue,
And when they bend tae pick yin up
It's no a bonnie view.

James Robertson

Oor Dentist

Oor dentist's name is Mr. Keith.
He tells me I should clean my teeth
Twa times a day or even mair.
He pits me in his muckle chair,
Wheechs me up intae the air
And says "Noo, this'll no be sair."
Arghhhh!
And when my mooth is open wide,
He speirs at me whaur dae I bide,
Or hae I had my holiday
Tae Disneyland? Whit can I say?
A skinklin probe inside my mou,
The moothwash sweelin, gars me grue.
Arghhhh!
Thanks tae the dentist, says my Ma,
Ye'll no hae falsers like yer Da.

Lydia Robb

Big Sean in Blethertoun

When the Cooncil made Sean Connery
A Blethertouner (Honorary)
There wis nae *local* ill feelin …
But we heard Mel Gibson wis bealin.

Kirsty Grieve

A Warlock Visits the Doctor's

Hoastin and snocherin! Hap yer moos!
Keep yer germs tae yersels!
I ainly cam in cause I lost the pooer
O castin magic spells!

Ma kyte's been sair since Wednesday last –
It micht be the puddock stew.
I hinna been richt since Halloween,
I'm needin a cure richt noo!

There's peely-wally fowk in here
Wi dizzens o different bugs –
Aathin fae wattery een and plooks
Tae stoonin taes and lugs!

They hirple in and ye dinna ken
If they've the plague or a fuzzy heid,
And I see them glowerin at ma veins,
Cause it's green, ye ken, my bluid!

I think I'll leave, I'll gyang tae the vet,
That's mair for the likes o me,
For since ma pooers hae dwinnelt awa
I canna *whoosh* nor flee.

He plaisters the birdies' brukken wings,
He bandages partans' shells,
Sae surely the vet can gie me back
The pooer o makkin spells!

Sheena Blackhall

The Posh Wifie Gangs tae the Furniture Megastore

A posh wife said, "Aff tae Dunedin!
Tae buy things for the hoose made in Sweden."
Like ither posh ladies,
She filled her Mercedes,
Wi stuff that she wisnae richt needin.

                                        Gregor Steele

Provost Pawkie

Provost Pawkie stertit greetin
At the last toun cooncil meetin.
The Heid Accoontant had annoonced
That aw the cooncil cheques jist boonced.
"We've nae mair dosh. We're on oor uppers.
We've spent it aw on chicken suppers."

This news gied Pawkie a muckle fleg –
His coat wis on a shooglie peg.
"I'll cut back, lads. I'll sell the Jag.
But dinna mak me pack ma bag!
I promise, nae mair trips tae Spain.
Jist gonnae let me keep ma chain!"

                                        Matthew Fitt

The Blethertoun Vet

The Blethertoun vet
Is rushed aff his feet,
Jist look at the craturs
He's needin tae treat.

A greetin-faced goldfish,
A rin-ower cat,
And hingin aboon them
A puggled aald bat.

A hirplin wee hamster
That fell aff its wheel,
A tortoise that's slowly
Becomin no weel.

A bletherin parrot
Wha cannae stop boakin,
And a midgie wi mumps,
(It's true, Eh'm no jokin!)

A wabbit white rabbit
That looks pale as deith,
And a budgie wi bunions
And affy bad breith.

An overwecht tabby
Wha's fechtin the flab,
A moose that's come in
For its whoopin-cough jab.

A snake that's got "coilic",
And a half-drookit spider
That nearly got drooned
In a gless fou o cider.

An aald dug whase smeddum
Is stertin tae ebb,
A wee guinea pig
Wi a snottery neb.

And the day meh puir moggy
Has come doon wi flu,
So here we are richt
At the end o the queue!
                    Ali Christie

Severe
Smeddum
Deficiency

Janey's Beauty Salon

Tak a trip tae Janey's beauty salon,
If yer runkles are a scunner.
Ma maw went in lookin fifty,
And cam oot lookin hauf a hunner.

Gregor Steele

The Fish Gutter

Haud the fishie by the gills,
Rug the knife alang its belly.
Banes are staunin up like quills,
Haud yer neb, it's affa smelly!
Dauds o fite, o green, o yalla,
Yon's the guts the scurries swalla.

Slivvery blobs like dauds o jeely,
Aa come oot the fishie's belly.
Hack its gills aff and its tail,
Guttin on through snaw and
    hail.
Cauld fish hoose maks snoots
    turn reid,
Chappin aff a fishie's heid,
Fa wad be a fisher quine,
Guttin herrin frae the brine?
                    Sheena Blackhall

Nae Fizz Izzie

Busy Izzie's in a tizzy
Cause her ginger isnae fizzy
She wheechs it whirls it wanners it birls it
Judders it joogles it shimmies and shoogles it
Batterin, splatterin, dirlin and whizzin
Giein it laldy and ten tae the dizzen
Doosht sploosh blooter and whoosh!
Noo open the cork tae try the skoosh …
YUCH!

Whit?
Yer ginger isnae still no fizzy is it Izzie?
Aye.

Then Busy Izzie faws doon dizzy
Frae tryin tae make her ginger fizzy.

Hamish MacDonald

Mrs Nae Offence

We cry her Mrs Nae Offence –
That's whit she likes tae say,
Afore sayin somethin awfie,
Then heidin on her way.
"Nae offence, but see yon skirt ye bocht,
It maks ye look gey fat."
"Nae offence, ye're like a standard lamp
When ye wear yir new blue hat."
"Nae offence, but see yir perfume,"
She whitters like a doo,
"It minds me o thae yellae cubes
Ye get in a laddies' loo."

"Nae offence, but see yir hairdo,
Ye must hae been a mug
Tae fork oot twenty quid for that –
Ye look like a Pekingese dug."
It fell upon ma granny
Tae pit her in her place.
Gran skelped her wi a brolly, sayin,
"Nae offence, but shut yir face."

Gregor Steele

The Dugs o Deid End Street

We're the dugs o Deid End Street,
We'll nip yer knees and gar ye greet.
We'll pee on yer taes and scart yer leg
And gie yer mammy an awfie fleg.

Haw, we're the dugs o Deid End Street,
Oor tails dinna wag and oor breath isna sweet.
We've scabby dowps and hairy lugs,
And we *hate* thae pan-loaf pedigree dugs.

See us, the dugs o Deid End Street,
We'll fecht onythin that we canna eat,
We rin aboot radge in the public park,
And oor bite's a lot mair worse than oor bark.

Aye, we're the dugs o Deid End Street,
There's aye a stramash whenever we meet.
We dinna hae collars and we're no on leads,
And *naebody* daurs tae clap *oor* heids!

Kirsty Grieve

FIRST IN
SHOW
SCABBY BUM
1

Blethertoun Central

The next train tae Auchterblooter is in the station noo.
The nicht express tae Steamiedale is leavin Platform 2.

Abermichty
Inverdichty
Clatt
And Dumplin Rigg
Rummlin in
And rummlin oot
Across the Bauchlie Brig

The 10.10 tae Goosegog Glen will stap at Kirtlegate.
The Hauf Wan fae Sauty Pan is runnin three oors late.

Abermichty
Inverdichty
Clatt
And Dumplin Rigg
Rummlin in
And rummlin oot
Across the Bauchlie Brig

The sleeper train tae Snochterville is peuchlin doon the track.
The last train oot went aff tae Cloot and hasnae yet come back.

Abermichty
Inverdichty
Clatt
And Dumplin Rigg
Rummlin in
And rummlin oot
Across the Bauchlie Brig
Matthew Fitt

EFTERNOON

Auld Toshie

Archibald Tosh is an auld, auld sodger:
He's whit ye cry an "octogenarian".
He wis in the news, the silly auld codger,
For fechtin wi Mrs Fry the librarian.
Accordin tae the local media,
(Whae usually write aboot *juvenile* crime)
He made a fort fae the encyclopaedia
And widna surrender at closin-time.
Noo he's been barred fae takkin oot books –
Mrs Fry says he's only himsel tae thank.
Auld Toshie jist gied her yin o his looks.
"I'll be back," he said, "and I'll be drivin a tank."

James Robertson

Quiet Please!

In the library in oor toun
Ye darena mak a din.
If ye hae tae blaw yir neb
It's coonted as a sin.

If ye clear yir thrapple,
Or should ye drap a book,
Or mebbe gie a boak or twa,
Ye'll get a dirty look.

WHEESHT
OR YOU WILL DIE

"Tiptoe," says the librarian,
Soor-faced Miss MacPartans.
I'd like tae see her try it
In muckle size-ten Doc Martens!
                    Ali Christie

Miss MacPartans Steps Oot

Some o ma freens dinna like Miss MacPartans –
They say she's aw fousty in tweed skirts and tartans.
They say that she's soor-faced and stuffy and steely –
Weel, she has tae be – think whit she has tae deal wi!
I widna thole boakins and hoastins and rifts
Aw day at ma work – why should *she* on her shifts?
She's aye nice tae me, and she finds me guid books,
And I dinna think onythin's wrang wi her looks.

I saw her last nicht wi her man, Tammas Shaw,
And I'll tell ye nae lie, Miss MacPartans looked BRAW!
She wis wearin high heels and a wee leather skirt,
She wis smilin and gigglin and bein quite a flirt.
She didna look fankled or in a bad mood:
She wis happy and bonnie – and Tam looked sae prood!

James Robertson

Baffie Sang

I like baffies, tartan baffies,
I like baffies on ma feet.
I wear them in shops and I wear them in cafés,
Ma auntie is a polis and she wears them on the beat.

I like gutties, bowfin gutties,
I like gutties on ma feet.
Ye can stuff them wi chips, turn them intae
    chip butties,
If ye dinna mind the mess when ye're walkin
    doon the street.

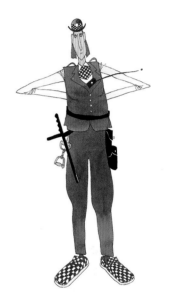

I like wellies, braw black wellies,
I like wellies on ma feet.
They're rubbery and slubbery, they're like
    big bellies,
Ye can fill them up wi fish but it'll only mak
    ye greet.

James Robertson

29

Mister Mank

A wee green man wi muckle hauns
Bides in the bottle bank.
He's clatty and he's crabbit
And his name is Mister Mank.

There's spiders in his oxters
And mushrooms on his taes.
His skin is like a puddock's
And he hasna ony claes.

His job is reddin up the bank –
He disna like a mess:
He sooks the juice and ginger dregs
And chaws the broken gless.

Sometimes ye'll hear the bottles clink –
That's him at work inside.
I widna want tae dae his job
Hooever much it peyed!

Angus Glen

Harry the Stable Haun

Harry drives a horse box
    As muckle as a bus.
The logo pented oan the side is:
    Cuddies-r-Us.

Harry's hauns are hairy,
    Each nail's as black as a hoof.
He wears his hair in a powny tail
    And his breath wid raise the roof.

But aw the cuddies like the wey
    His guff's the same as theirs,
And his stringy mingy powny tail's
    As reuch as auld horse hairs.

He brushes dust frae manky manes
    And rubs doon slabbery noses,
Then he shovels up their dried manure
    And flings it roon his roses.

James McGonigal

Cheap

When ma wee baby brither Bill
Wis scanned by mistake at the
  Co-op till,
Oor haill faimly took offence:
It priced him at jist thirty pence.
"The cheek!" ma mither said.
  "I'm stunned.
That's less than twa pence tae the
  pund!"

Kirsty Grieve

The Check-Oot Quine's Lament

Tatties, neeps, and ingan,
Poother for the wash,
Wullie's needin new sheen,
Grip, skyte, flash.

Sweeties, ale, some flooer,
A tinnie wi a bash.
I'm wirkin like a robot,
Grip, skyte, flash.

Safties, glesses, bacon,
Eyntment for a rash,
Ma hoose is like a midden,
Grip, skyte, flash.

Mealie jimmies, ganzie,
Cheque, or caird, or cash,
Ma dowp is dottled sittin,
Grip, skyte, flash.

Aathin's in a hurry,
Fowk in sic a hash,
Customers anonymous,
Grip, skyte, flash.

A trolley like Ben Nevis!
Michty, fit a fash!
I'm scunnert and I'm foonert,
Grip, skyte, flash.

Noo ma shift is endin,
Beans and orange squash.
Hame tae dee the hoosewirk,
Up, oot, dash!

Sheena Blackhall

Dino's Café

In the café owned by Dino
Ye can hae a cappucino,
For wee Dino's kettle's never aff the bile;
And he'll serve ye mince and tatties,
Macaroni and ciabatties,
While he skites aboot his café wi a smile.

Dino dreams o hame in Naples
As he peels a pun o aipples
Wi his Scots-Italian flags up on the waw;
While he's weel-kent for his coffee,
His Tartan Pizza's rarely awfie,
And his Tutti Frutti Clootie's ayewis braw.

In a brichtly-coloured peenie
Dino redds up a pannini,
And he dichts doon aw the tables wi a cloot;
But when puir auld Auntie Betty
Got jurmummled in spaghetti,
Ten big firemen had tae come and cut her oot.

Matthew Fitt

Nae Accoontin for Folk

There's folk in oor street that ye widna think
Could exist ootside o a joke.
Ma faither says, "Aye," and he gies me a wink,
"But there's nae accoontin for folk."

There's a man that won a snake in a bet,
That he keeps in a broon paper poke.
Says ma faither, "I widna hae thon for a pet –
But there's nae accoontin for folk."

There's a wifie that swallies bridies haill,
Though ye'd think it wid mak her boak.
Ma faither says, "Mebbe she thinks she's a whale –
Oh, there's nae accoontin for folk."

There's a lassie that dreamt she wis eatin a cheese –
Her pillae wis gane when she woke.
Says ma faither, "She'll burst if ye gie her a squeeze –
Oh, there's nae accoontin for folk."

There's a lad that'll only eat saft-biled eggs
If there's plenty o shell in the yolk.
Ma faither says, "That's tae pit hairs on his legs –
Oh, there's nae accoontin for folk."

So when faither gaes oot in his reid underpants
And his stupit big Superman cloak,
I say tae ma pals as they gowk at his scants,
"Weel, there's nae accoontin for folk."

Angus Glen

Blethertoun Rovers

Blethertoun Rovers play in blue
But they havenae got a clue.
Jist last Sunday oot they ran
And got banjaxed fifteen-wan.

Their striker's name is Magnus Shore,
Couldnae hit a coo shed door.
Last week, he got the baw and spooned it –
Even noo, they havenae foond it.

The left-back has them aw in fits
When he forgets his fitbaw bitts.
If he cannae get the skipper's,
He plays in the groondsman's slippers.

Jooglie the goalie lowps and rolls,
Bields the Blethertouners' goals.
Where the baw is he jist guesses
Through his muckle jam-jar glesses.

The Rovers fans are never singin,
The coach's heid is ayewis hingin.
His team are sic a bunch o duddies –
He should hae signed eleeven cuddies.

Matthew Fitt

Mrs Snippit's Complaint Against Mrs Vauntie

I canna thole that Jessica Vauntie,
And that hat she wears, aw jigglin and jaunty:
A fankle o feathers wi flooers roon the edge,
Like a blue cockatoo hauf-deid in a hedge.
I widna let that kind o thing in the kirk:
It only encourages ithers tae smirk.
If I'm sittin ahint her, I jist canna see –
And the puir minister, weel, *he* canna see *me*.

Angus Glen

The Reverend Mr "Soapy" Sheen

Auld Soapy Sheen's a cheery sowl –
He ayewis cuts a dash
At bring-n-buys and beetle drives –
But he's sair in need o a wash.

Ye'd think he'd care aboot his looks,
But he disna seem tae fash.
Mebbe his mind's on higher things –
But he's sair in need o a wash.

There's parritch doon his shirt-front
And soup on his moustache.
It's clear he disna want for food –
But he's sair in need o a wash.

Is that dried slaivers on his chin,
Or a bit o corned beef hash?
I dinna like tae criticise
But he's sair in need o a wash.

His wife says she despairs o him –
She'd pit him oot for trash,
But the scaffies widna touch him
He's that sair in need o a wash.

He met the Queen a whilie back –
It caused a huge stramash.
He'd run a five-oor marathon,
And wis sair in need o a wash.

His charity swim in the canal,
That fairly made a splash.
He came oot green and glittie – yeugh!
Even *mair* in need o a wash.

But ye hae tae haun it tae him,
He raises loads o cash
For folk that need much mair than him,
Whae's jist in need o a wash!

Angus Glen

Goosegog Glen

Up the Bletherie Watter,
Doon in Goosegog Glen –
There isna ony ither place
Quite like it that I ken.
There's chaffies in the treetaps
And rabbits on the brae,
And the only folk ye meet hae come
For peace and quiet tae.

There's tods and brocks that bide there
That come oot jist at nicht,
And deer drink frae the Bletherie
As it skinkles in the licht.
There's brambles in the autumn
And bluebells in the spring,
And aw the year in Goosegog Glen
Ye'll hear the birdies sing.

There isna ony litter,
And there's no a singil caur,
Ye can walk for oors or sit for oors,
Ye'll traivel jist as faur.
Up the Bletherie Watter,
Doon in Goosegog Glen,
The morra or the next day
I'll be roamin there again.

Kirsty Grieve

Rammy

Last week the birds o Goosegog Glen
Got scared awa by twa auld men.

Archibald Tosh wis heard tae say,
"See you, Joe Dugg, I mind that day

Lang syne in Nineteen Twenty-Three
Ye stuck a pokey hat in ma ee.

Noo, I want justice, ya wee dodger.
But tak care, sir. I've been a sodger.

I've seen war and bluid and snotters
And gien the enemy oot its jotters.

You're claimed, Joe Dugg, and that is that –
I will avenge yon pokey hat."

"Och, wheesht," said Joe, "ye glaikit auld limmer,
Or I'll trim your beard wi ma gairden strimmer."

Matthew Fitt

BLETHERTOUN HISTORY
The Blethertoun Museum

Oor museum is the strangest o places:
Gey queer things are in its gless cases,
Bequeathed by tounsfowk aw lang deid –
Like the pickled brains o Lizzie Reid
(Which wis a muckle surprise tae mony
Wha thocht that Lizzie hadna ony!).

A granny-sooker frae oot the gab
O a deid toun crier, Wullie McNab;
A rusty door-key frae puir Erch Fyffe,
A hameless cratur aw his life;
A stuffed black cat frae auld witch Lily
That gies a *miaow* and flegs ye silly;

A flea-ridden shawl frae Granny Bell
That lowpit intae the case itsel;
The slimy corpse o a bairn's pet slug;
A barber's razor, complete wi lug;
A hankie, still drookit, frae Dora McWalter,
Wha wis left staunin at the altar.

And if ye're brave enough tae linger,
Ye'll see a wee black wizened fingir
That belanged tae a butcher, Mr McClinser,
Until it wis chappit aff in his mincer!
Aye, oor museum's the strangest o places:
Gey queer things are in its gless cases.

Ali Christie

Mrs MacIver's Calendar

January brocht the snaw.
Auld Mrs MacIver sat by her windae
Watchin flakes faw.

Yin mirkie February nicht
She woke tae a mutterin soond …
Och, jist the rain – st-stutterin
        doon the g-g-gutterin.

Merch winds. She thocht o her faither's
Tempers – hoo he'd bluster and huff
  and puff
Twa rantin meenits. Then the storm
  settled doon.

Daffodils ablow the rowan tree
Came noddin their wee heids in April
Like bairns roon their mither's knee.

In Mey the haill toun smelt sweet as a cake
Wi cherry confetti blawin doon every street.

The June sun aye gies a tan
Tae awbody bar an auld wumman.

In July the bairns were oot o schuil.
Nae shouts and squeals frae the playgrund,
Mid-mornin and noon.

That faw doon the stairs in August
Was like thunner tummlin roon the sky
Wi aw her banes rattlin inside it.

September's the time tae think o makin jam,
Tae watch it cool ahint the gless, tae scratch
Name and date oan a label for every jaur.

October was worth the wait.
Siller mist, gowd leaf, the gress like jewels.
The sun's fingir coontit up its pension o dew.

November cam in wi a bang
And a fizz and a wheeze and a puff o reek as
Rockets took aff wi their portable bonfires.

December dazzles yer een – coontin the skinklin
Christmas trees and caur heidlamps and
  coloured caunles
And cribs – wait a meenit, that's shairly no a camel
  waddlin doon oor street eftir three wee kings!

James McGonigal

The Bletherie Leathery Baw Gemme

Each New Year's Day in Blethertoun they play
A muckle fitbaw gemme aw through the toun,
Atween the folk that bide up on the brae
And the ither folk whase hames are further doon.

It's been aroond a century or mair,
This Bletherie Leathery Baw Gemme (as it's cried).
There's no much fitbaw in it, tae be fair –
It's jist a rammy, hunners on each side.

The Braeheid team hae jist wan aim in mind:
Tae punt the baw intae the auld canal.
The Doontoun mob, hooever, are inclined
Tae get it past the war memorial.

The Provost lobs the baw – the crowd stampedes,
A nine-oor sweatin, gruntin fecht begins –
A boorachie o legs and airms and heids,
Wi broken teeth and battered nebs and shins.

Last year the haill thing ended in a draw –
Baith sides peched oot, and neither yin the winner.
A dug frae Deid End Street picked up the baw,
Ran aff wi it and ett it for his dinner.

Angus Glen

Burns's Visit tae Blethertoun Braes

In Seeventeen Hunner and Eichty-Nine
Robert Burns stopped at this pub tae dine.
Aye, the world-famous poet, Rabbie Burns –
And efter he'd dined, he did yin o his turns.
He stood on a table and juggled his hat,
A fiddle, a moose and a manky auld cat.
The landlord applauded: "Gaun yersel! Whit a skill!"
And Rab ran awa withoot peyin his bill.

James Robertson

Proverbs frae Blethertoun Braes

Jouk and let the polis caur gang by.

Aye creeshy are the mooths o mince pie eaters.

Aw roads lead tae the hypermercat.

Oot o the fryin pan, intae the gub.

Ower mony coconuts spile the broth.

April shooers gae on for oors and oors.

Shoot! while the goalie is kaimin his hair.

Yin bunnet is better than nane unless ye hae twa heids –
   then twa bunnets are better than yin.

Gin the trainer fits, rin awa wi it.

Hair the day – wig the morn.

The best things in life are in yer neebor's skip – and they are free!

Gin at first ye dinna succeed – blame the
meenister, blame the schuil teacher, blame
the doctor, blame the lassie in the shop,
blame the man wi the wee dug, blame the
wumman wi the rollers in her hair, blame
onybody but yersel.

Brent Hodgson

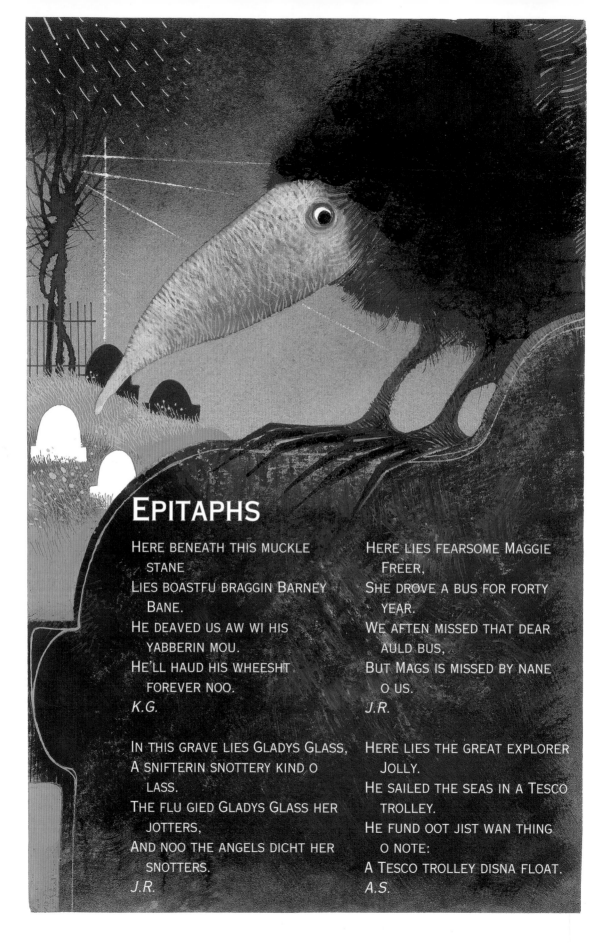

EPITAPHS

HERE BENEATH THIS MUCKLE
  STANE
LIES BOASTFU BRAGGIN BARNEY
  BANE.
HE DEAVED US AW WI HIS
  YABBERIN MOU.
HE'LL HAUD HIS WHEESHT
  FOREVER NOO.
K.G.

HERE LIES FEARSOME MAGGIE
  FREER,
SHE DROVE A BUS FOR FORTY
  YEAR.
WE AFTEN MISSED THAT DEAR
  AULD BUS,
BUT MAGS IS MISSED BY NANE
  O US.
J.R.

IN THIS GRAVE LIES GLADYS GLASS,
A SNIFTERIN SNOTTERY KIND O
  LASS.
THE FLU GIED GLADYS GLASS HER
  JOTTERS,
AND NOO THE ANGELS DICHT HER
  SNOTTERS.
J.R.

HERE LIES THE GREAT EXPLORER
  JOLLY.
HE SAILED THE SEAS IN A TESCO
  TROLLEY.
HE FUND OOT JIST WAN THING
  O NOTE:
A TESCO TROLLEY DISNA FLOAT.
A.S.

In Memoriam M.C. Jardine
Here lies auld Misery-Chops Jardine,
He kept aw the baws we kicked intae his garden.
Tae commemorate his dear departed soul
We used burst baws tae fill this hole.
H.M.

In Memoriam N.F. Burton
Here lieth auld Nebby-Features Burton,
She spent aw her days keekin through a net curtain,
Checkin the neds and tuttin at vandals,
Clockin the neebors and dreamin up scandals.
Noo she's six fit ablow us still mumphin and scoffin
Cause we pit a wee windae in the lid o her coffin.
H.M.

HERE LIES CHIPPER ANNIE WI THE MUCKLE GREASY HIPS: NAE MAIR SALT AND VINEGAR, FOR ANNIE'S HUD HER CHIPS!
A.C.

SHE NEVER DID A HAUN'S TURN, SLOTHFUL WIS OOR DAISY. RISE AND HAUNT YE? DINNA FASH, DAISY'S OWER LAZY!
A.C.

HERE LIES DOCTOR MACSWALLY WHA WIS FEELIN AWFIE GRIM. HIS MEDICINE WORKED ON ITHER FOWK BUT IT DIDNA WORK ON HIM!
A.C.

FORENICHT
Mr Moncrieff the Greengrocer's Sang

(Tune: The Banana Boat Song)

Aipples, ai – ai – ai – aipples,
Gloamin comes
And I want tae go hame.

Tatties, ta – ah – ah – ah – atties,
Gloamin comes
And I want tae go hame.

No wan, no twa, but three big
    tumshies,
Pit them in a poke
And jist let me go hame.

Ingans, I say ing, I say ing,
I say ih – ih – ingans,
Gloamin comes
And I want tae go hame.

I sell neeps and kail and
    hinnie-blobbies,
I'm seik o it aw
And I want tae go hame.

Brammles, I say bram, I say bram,
I say bram, I say bram,
I say brah – ah – ammles,
Gie me a punnet
And I'm gaun hame noo.

Matthew Fitt

Colonel Swithering-Gitt

My name is Colonel Swithering-Gitt,
I'm the local laird and a bit of a twit.
I don't speak Scots, I'm far too posh,
But my butler does – his name's McCosh.
He says, "Wid ye like some fish tae yer tea?"
And he pours me drams as big as the sea.
He's a jolly nice chap, but once in a while
He says to me with a sickly smile:
"Ye couldna survive if it wisna for me –
Ye'd hae nae whisky and ye'd hae nae tea.
Ye couldna shave yer rosy reid cheeks,
And holes wid appear in yer socks and yer breeks.
In fact," he says, "ye couldna *be* posh
If it wisna for trusty auld Cut-throat McCosh!"

James Robertson

ALI'S VIDEO
POP CORN
DVDS
FISTFULL OF CHIPS
The Vampires o Cumbernauld
REVENGE o The SPECKY NYAFFS
COLA

Ali's Video Store

If ye're lookin for blood n guts n gore
Check oot Ali's Video Store.
Ye'll no find the Tweenies or even Disney:
The choice is magic, but Disney it isnae.
If ye want tae be feart till yer blood rins cauld
Ye'll love *The Vampires o Cumbernauld.*
For huge muckle monsters wi razor-sherp teeth,
Try *The Craitur fae the Water o Leith,*
Or if ye fancy a Western insteid,
Yin that's no bad is *Bad Day at Braeheid.*
If ye want real horror ye could tak a chance
On *Nicht o the Zombie Ceilidh Dance,*
But if ye're mebbe jist efter laughs,
Tak oot *Revenge o the Specky Nyaffs.*
The latest alien movie that's big
Is *They Came Fae Ooter Bonnybrig,*
But the maist flegsome film I've ever seen
Is *The Flesh-Eatin Neep Lanterns o Halloween.*
So, if ye're lookin for blood n guts n gore,
Jist drap in tae Ali's Video Store.

James Robertson

The Polis wi the Bolas

Tam the Blethertounie polis
Brings doon bad guys wi a bolas.
He got it fae his Uncle Groucho
Wha used tae be a big tough *gaucho.*
He birls it roond and roond his heid,
Then hurls it at an unco speed.
It wraps aroond the bike-thieves' ankles,
Ties them up in fykie fankles.
Tam catches them wi gallus style,
Then flings their dowpers in the jyle.

Matthew Fitt

SOS

SOS SOS I am a phone box in distress!
Jeannie Murphy's quine wis greetin,
Said she catched her boyfreen cheatin.
Big Joe Christie's giro's tint,
Phoned the Broo tae say he's skint.
Auld Ma Sangster's neebor telt her
Vandals smashed the new bus shelter.
Jocky Todd is stottin fu,
Baxter's laddie's sniffin glue.

SOS SOS I am a phone box in distress!
If the news I gie is bad,
Ten tae wan the fowk get mad,
And they catch me by the lug,
Gie ma wires and heid a rug.
Tak me Lord, frae cooncil scheme
Tae be a phone box on the meen!

Sheena Blackhall

Doon Needle Street

There's a weird wee shoap
            doon Needle Street
Wi daurk things in the windae.
Says Paul: "My da hiz yin o thaem."
Says I: "Mine's disnae."

This shoap windae
            doon Needle Street
Hauds multi-coloured lugs,
Biceps wi chains, blae butterflies,
Dragons wi fangs like dugs,

Blazes and mazes
　　　in Needle Street,
Purple, reid and black.
They're pented oan men's baldie heids –
Oan shooders – doon their back.

Whit's it like
　　　doon Needle Street
Jis lyin tight and still
Whan Tam the pudgie Tattoo King
Bends ower ye wi his drill?

Paul's grandpa hiz the ace o herts,
His sister hiz a rose,
His brither hiz a spider
　　　dreepin fae his nose –

But he's a Goth,
　　　and Needle Street's
Whaur aw his pals hing oot thegither,
Watchin the pudgie Tattoo King
Drillin hell for leather.

James McGonigal

The Daft Laddies
fae Ayr

Some veesitin laddies fae Ayr,
Wid dae onythin radge for a dare,
Sae I telt the young fools,
Tae play heiders wi bools,
And they did, and it wisnae hauf
    sair.

Gregor Steele

56

Boy Racer

See yon souped-up roarin Mini?
That belangs ma brither Tony.
Drives like an eejit, thinks he winnae
End up Tony Mini-strone.

Angus Glen

NICHT

Amang the Pines at Gloamin Time

Amang the pines,
At gloamin time,
    We wur tae meet.
When at the keek o day
  Ah wes alane
Ah ate some chips
And then Ah hed a greet.

At mornin time,
Amang the pines,
    Ah ate the poke
O chips that Ah hed
  bocht the nicht afore –
Which gied tae me
  the boak.

Brent Hodgson

Bingo

Tae the bingo haa
Gaes aald Mrs Broon,
And every nicht,
When they caa "ehz doon",
Aald Mrs Broon
Wull sit and tick
Aa the sixes,
Clickety click.

She disna care
If she wins or no,
It's no the reason
That maks her go.
She bides on her ain
Up a closie stair,
So it's company
That taks her there.
                    Ali Christie

Clatty Wattie's Emporium

Clatty Wattie he lurks doon the sewers
Prowls unnergrun in the wee sma oors
In his muckle chist waders and haudin a net
Shauchlin through mirk and the dank feechie wet

Scoopin his net in a daurk manky pool
A glint in his ee and his face like a ghoul
Then siftin amang aw the glaur for his treasure
Wi scarcely a hint o disgust or displeasure

For here lie the things that folk lose doon their cludgies
Gold Rolex watches and puir wayward budgies
Sooked doon the thrapple wae unquenchable greed
By a great wide-moothed monster cried Shanks o Baurheid

In the bowels o the toon whaur the licht never skinkles
Whaur the broon lava flows and the cauld watter tinkles
He trawls for his trinkets then fishes them oot
And he binnens them up in a bowfin auld cloot

Then he sclims oot a stank-lid and hameward he goes
Tae gie them a blast wae a high-pressure hose
A wee dicht o polish, a wee tait o glue
Tae get aw his gear lookin brand-spankin new

And he opens his shop at hauf-nine every mornin
And like fleas tae a plamff the biddies come swarmin
Tae hunt for a bargain and fill tartan trolleys
Wae whirligigs, geegaws and second-haund wallies

And they gawk in the mirror wae a great sough o breith
Admirin theirsels in their shiny new teeth

And Wattie stauns at the coonter in his wee cave o gold
Wae a hunner percent profit on each item sold
So come on doon and dae yer biddin
The shop's called WATTIE'S LUCKY MIDDEN!

Hamish MacDonald

The Bogles' Ceilidh at Blethertoun Kirkyaird

At the ghaists and bogles' ceilidh,
Tae win in ye maun be deid,
Clankin chynes or in a gounie
Wi a green licht roon yer heid.

Broonies, kelpies, ghaists and bogles,
Poltergeist frae graveyaird glaur,
Silkies, skeletons and banshees,
Proppin up the potion bar!

Zombie, alien, broomstick rider –
Fiddles bow and bagpipes skirl –
Up the steeple, roon the yew tree,
Tak their partners, wheech and birl.

Voodoo, viper, cat and corbie,
Roon the gravesteens hooch and prance.
See them lowpin! Here them lauchin!
Lowpin in the ghaisties' dance.

Sheena Blackhall

The Hauntit Park

When the sun goes doon and the nicht grows
    dark,
The ghaists creep oot for a shot in the park,
Tae rock on the cuddy and slide doon the chute
Or go birlin aroon on the roonaboot.

There's banshees, carlins, droichs and boodies,
Boglie-bo's and daurk heidless hoodies.
They'll play on the swings and yelloch like
    thunder,
Daein puntie-uppies and playin runny-under.

They play at the tennis and hurl the bools,
Skrauch in the bandstand and brak aw the
    rules,
Chuck stanes in the pond tae gie a sair skelpie
Tae the horns and the scales o the resident
    kelpie.

So run like the clappers and dinnae be late
Afore the mannie chains the gate.
When ye hear the dirl o the Parkie's whistle,
Jump like ye've sat on a big Scotch thistle!

Hamish MacDonald

Mrs Moon

Ye'd think that she'd get gey fed up
Daein hoosework through the nicht.
Nae radios are playin noo –
Jist the tap ten snores o yer Dad (and you!)

But she rinses doon and polishes,
Polishes and shines
Tesco's roof and the hospital
Till they sheen like siller mines.

Then she taks her cloath and polishes
The biscuit factory waw
Till it's bricht as yer Grannie's fireplace,
Coalscuttle, tongs and aw.

Then she polishes yer windae ledge,
The doorstep and the tiles –
Till oor daurk auld toun is shinin bricht
For miles and miles and miles and miles
and miles and miles and miles.

James McGonigal

Wheesht

Noo aw the folk are in their beds,
The nicht is fou o snores and zeds
      And saft wee purrs and thrums;
And Blethertouners haud their wheesht –
They willnae stir till, frae the east,
      Wee Davie Daylicht comes.

Kirsty Grieve